GUIDE
DU
MONDE ÉLÉGANT
À
PARIS.

HOTEL DU RHIN, PLACE VENDOME

1859

Paris. — Typ. de J. Tournier

SPÉCIMEN.

GUIDE

DU

MONDE ÉLÉGANT

A

PARIS.

JANVIER 1859.
1858

AVIS IMPORTANTS.

1° Ne pas oublier de se munir de son passeport.

2° Demander aux différents Ministères (notamment au Ministère d'État) la collection des billets dont ils disposent.

3° Pour tous les renseignements, consulter la Table des Matières de ce volume.

GUIDE
DU
MONDE ÉLÉGANT
A
PARIS.

JANVIER 1859.

—

HOTEL DU RHIN, PLACE VENDOME.

AU COIN DE RUE,

Rue Montesquieu, 18

(AU COIN DE LA RUE DES BONS-ENFANTS),

A PARIS.

VASTES MAGASINS DE NOUVEAUTÉS.

LE MEILLEUR MARCHÉ DE TOUT PARIS.

Cet immense Établissement, l'un des plus importants de toute l'Europe, est situé près du Palais-Royal, au centre de Paris; il jouit à juste titre d'une grande réputation auprès des Dames françaises. Ses assortiments d'Étoffes en tous genres sont infinis. C'est la seule Maison où l'on trouve réunies les Nouveautés de luxe les plus brillantes et les Étoffes du prix le plus modique, particularité qui s'explique par le système d'affaires de cette Maison, qui vend bon marché pour vendre beaucoup.

TABLE ALPHABÉTIQUE

PAR PROFESSION

DES MAISONS RECOMMANDÉES.

Pages.

APPAREILS DE CHAUFFAGE. — Chevalier et Ce........

ARQUEBUSIERS. — Devisme......................

BRODERIES. — L^s Chapron....................

CERCLES. — CASINOS. — Cercle des Étrangers........

CHAPELIERS. — Pinaud et Amour..................

DENTELLES ET CACHEMIRES. — Compagnie des Indes....

ÉBÉNISTERIE. — BOIS SCULPTÉS. — Tahan..........

HORLOGERIE (Fabrique d'). — Czapek et Ce.,........

LIBRAIRES. — Audot.........................

MACHINES A COUDRE. — Caillebaut..............

MUSIQUE (Instruments de). — Mayermarix (Harmoniflûte)

PAPETERIE DE LUXE. — Maquet..................

PARFUMERIE. — Henry et Demarson...............

     —   L. T. Piver..................

PHOTOGRAPHES. — Pesme et Varin................

PHYSIQUE (Instruments de). — Voisin.............

Pages.

SOIERIES ET NOUVEAUTÉS. — Compagnie Lyonnaise....

SONNERIES ET SIGNAUX. — P. Prud'homme..........

STÉRÉOSCOPES. — Gaudin et frère................

TAPIS (Fabrique de). — Requillart, Roussel et Chocqueel.....................................

TABLE DES MATIÈRES.

Pages.

Abbattoirs..
Académie française...
Académie de Médecine......................................
Ambassadeurs et Consuls...................................
Amortissement (Caisse d')..................................
Archevêché de Paris..
Archives (Direction générale des)..........................
Arcs de triomphe...
Arts-et-Métiers (Conservatoire des)........................
Assistance publique (Administration de l')..................
Bains publics (Établissements principaux)..................
Bals publics...
Banque de France...
Bateaux à vapeur...
Beaux-Arts (Palais des)....................................
Bibliothèques publiques....................................
Bibliothèques non publiques................................
Cafés chantants..
Cartes et Plans de la Marine et des Colonies (Dépôt des)....
Cartes et Plans des Travaux publics (Dépôt de).............
Casernes...
Cercles particuliers.......................................
Chambre des Notaires.......................................
Changes de monnaies..
Chemins de fer...
Cimetières...
Cité (la), berceau de Paris................................
Collèges...
Colonnes monumentales......................................
Commissariats de police....................................
Communautés religieuses....................................
Comptoir d'Escompte..
Concerts publics...
Conseil d'État (Présidents et Vices-Présidents)............

Pages.

Conseils de Guerre (les).....................................
Conseils des Prud'hommes....................................
Conseils industriels et commerciaux........................
Contributions directes (Administration des)................
Contributions indirectes (Administration des)..............
Corps Législatif..
Cour de Cassation...
Cour des Comptes..
Cour impériale de Paris.....................................
Crédit financier..
Crédit foncier..
Cultes non catholiques......................................
Dépôts et Consignations (Caisse des)........................
Docks Napoléon (Administration des).........................
Douanes (Administration des)................................
Écoles municipales et spéciales.............................
Églises paroissiales et autres..............................
Élysée Napoléon (Palais de l')..............................
Enregistrement et des Domaines (Administration de l').......
Épargne (Caisse d')...
État-major de la Place......................................
État-major de la Garde nationale............................
Exposition des produits de l'Algérie........................
Faculté de Droit..
Faculté de Médecine...
Faculté de Théologie catholique.............................
Fontaines publiques...
Forêts (Administration des).................................
François Ier (maison de).........................
Garde-Meuble de la Couronne.................................
Glaces (Dépôt de la Manufacture des)........................
Gobelins (Manufacture des)..................................
Grenier d'Abondance...
Halles diverses...
Hôpitaux et Hospices..
Hôtel-de-Ville..
Imprimerie impériale..
Industrie (Palais de l')....................................
Institut (Palais de l')....................................

Pages.

Intendance militaire..................................
Invalides (Hôtel des)................................
Jardin des Tuileries.................................
Jardin-des-Plantes..................................
Jardins publics.....................................
Jeunes Aveugles....................................
Justice (Palais-de-)................................
Justices de Paix....................................
Louvre (Palais du).................................
Luxembourg (Palais du)............................
Luxor (Obélisque de)...............................
Lycées impériaux..................................
Mairies..
Maison Eugène-Napoléon...........................
Manutention.......................................
Marchés divers....................................
Ministères. — Jours et heures d'entrée..............
Monnaies (Hôtel des)..............................
Mont-de-Piété, Succursales et Bureaux auxiliaires...
Morgue..
Musées impériaux. — Jours et heures d'entrée......
Musique et de Déclamation (Conservatoire de)......
Navigation..
Observatoire......................................
Octroi de Paris (Direction de l')...................
Omnibus, Table des 25 lignes, leur Itinéraire et leurs Correspondances.....................................
Panthéon (le).....................................
Pensionnats recommandés..........................
Pompes à feu.....................................
Pompes Funèbres..................................
Poste aux Chevaux................................
Poste aux Lettres.................................
Poudres et Salpêtres..............................
Préfecture de la Seine............................
Préfecture de Police..............................
Prisons...
Puits de Grenelle.................................
Retraite pour la Vieillesse (Caisse de)............

— 10 —

Pages.

Royal (Palais-)..................................
Salle des Ventes des Commissaires priseurs................
Salubrité et de l'Éclairage (Inspection générale de la).......
Séminaires......................................
Sénat et Sénateurs...............................
Sociétés savantes.................................
Sourds-Muets....................................
Souvenirs et Traditions...........................
Statues historiques...............................
Tabacs (Manufactures des).........................
Télégraphes (Administration des)...................
Télégraphie électrique.............................
Théâtres de Paris. — Tarif des prix des places............
Thermes (Palais des) et hôtel Cluny...................
Timbre impérial..................................
Tombeau de Napoléon Ier........................
Tribunaux de Première Instance.....................
Tribunal de Commerce.............................
Tuileries (Palais des).............................
Voitures de grande remise, principaux loueurs.............
Voitures sous remise, Tarif et Stations..................
Voitures de Places, Tarif et Stations....................
Voitures des environs de Paris.......................

LA CITE,

BERCEAU DE PARIS.

Des pêcheurs gaulois, attirés par l'importance du lieu, l'abondance des eaux, la fertilité des deux rives, vinrent planter leurs huttes dans la plus grande île de la Seine, et, s'y fixant à toujours, furent les fondateurs et les ancêtres de la ville et du peuple parisiens. Cet Hercule au berceau s'appela Lutèce, et Lutèce était déjà une florissante cité quand les légions de Jules César la découvrirent des hauteurs de la forêt de Chaillot, où les druides, à la fois pontifes et magistrats, allaient cueillir le gui sacré et méditer sur les destinées de la patrie. — Les conquérants romains campèrent sur la rive gauche du fleuve et y bâtirent le palais des Thermes, ainsi que de larges voies publiques qui facilitèrent les abords de la cité. Leur domination sur les Gaules et Paris fut de plus de quatre siècles. Les Francs saliens les en chassèrent. Mais si la domination césarienne et le paganisme romain disparurent dans Lutèce, la civilisation transalpine n'y périt point. Cette civilisation, quoique importée, avait poussé comme un fruit du sol. Ses charmes conquirent bientôt les nouveaux vainqueurs. Le christianisme, en même temps qu'il détruisait les temples de Jupiter Ammon, refoulait le culte d'Odin, ce dieu guerrier des barbares, et lavait sur les autels agrestes de Teutatès, le dieu effrayant des anciens Gaulois, les traces du sang qu'avait

ÉBÉNISTERIE. — SCULPTURE. — BRONZES.

P. MÉDAL, EXP^{on} LONDRES. — MÉDAILLE 1re CLASSE, PARIS 1855.

TAHAN

FOURNISSEUR BREVETÉ DE L'EMPEREUR.

NÉCESSAIRES, COFFRETS, PUPITRES, BUVARDS,
BÉNITIERS, OBJETS D'ART ET DE FANTAISIE POUR ÉTAGÈRES,

Rue de la Paix, à l'angle du Boulevard.

MAGASINS DE MEUBLES,

BUREAUX, PRIE-DIEU, RELIQUAIRES, PORCELAINES MONTÉES,

Rue Basse-du-Rempart,

EN FACE DE LA RUE DE LA PAIX.

versé le couteau des druidesses, dans leurs holocaustes humains, sous le dôme de verdure des forêts sacrées; — et Ste-Geneviève, la bergère des bords de la Bièvre, édifiait Paris bien avant que Clodowig invoquât le dieu de Clotilde pour changer la fortune qui tournait contre lui, dans les plaines de Tolbiac. — Cependant les rois francs victorieux dédaignèrent longtemps Paris, la cité policée, rieuse et gauloise. Leurs mœurs farouches, leurs révolutions de palais, leurs successions sanglantes, s'accommodaient mieux de Trèves, de Soissons, de Laon ou de Senlis, comme siége passager de leur puissance. Mais la cité n'en conservait pas moins sa prééminence. Elle construisit à sa pointe occidentale le Vieux-Palais pour y loger ses rois, et, à sa pointe orientale, la splendide basilique de Notre-Dame pour y abriter les autels de son Dieu.

Paris dès lors comptait déjà parmi les premières villes du monde, mais aussi parmi les plus boueuses. Philippe-Auguste, ayant été un jour éclaboussé devant le Vieux-Palais, par un chariot que traînaient des bœufs, décréta qu'il serait obvié à ce désagrément, — et Paris dut ses premiers pavés à la mauvaise humeur de son souverain. — Vers les mêmes temps, Pierre Abailard, le célèbre orateur et dialecticien en l'art de la scholastique, cette science universelle d'alors, vint y bouleverser le monde des écoles et de la pensée, et doter la Cité de sa légende amoureuse. Point n'est besoin de rappeler ses triomphes oratoires, la turbulence et l'enthousiasme des écoliers, la beauté d'Héloïse et l'atroce vengeance des ennemis du fondateur du Paraclet. Nous voulons seulement mentionner ici que la maison qui cacha les amours de Pierre Abailard et d'Héloïse se voit encore adossée à la rue Basse-des-Ursins, dans la Cité, près de la passerelle de l'île Saint-Louis, sur le quai qui regarde le nord. Leurs portraits, sculptés en médaillons, dans le couronnement de deux portes ogivales, se

COMPAGNIE DES INDES,

80, rue de Richelieu, 80.

PARIS.

CORBEILLES DE MARIAGE.

DENTELLES, CACHEMIRES.

FABRIQUE ET MAISON DE VENTE A BRUXELLES,

Rue Royale, 94.

regardent amoureusement, inclinés l'un vers l'autre : — poétique et charmant souvenir, plus vif et plus attendrissant que la légende de Léandre et d'Héro.

Un des majestueux souvenirs de la Cité est celui de Louis IX, le sage justicier de la forêt de Vincennes. Son oratoire du Vieux-Palais, dénommé depuis la Sainte-Chapelle, est une des plus coquettes merveilles de l'art chrétien. — La tour carrée qui regarde le quai aux Fleurs, où fut placée la première horloge ayant sonné l'heure aux Parisiens, et les deux tours rondes qui, le long du quai, soutiennent encore le Palais-de-Justice, sont aussi des souvenirs du saint roi. — Voici des souvenirs moins glorieux : — La rue aux Fèves, dans laquelle un roman célèbre a placé un tapis franc, et des aventures que le Paris qui disparaît tous les jours rendait moins invraisemblables ; — puis la rue Saint-Landry, où un perruquier et un charcutier, son compère, s'étaient associés pour un horrible négoce. Le perruquier, quand il effleurait de son rasoir effilé le duvet d'une peau jeune et fraîche, faisait pénétrer dextrement le fer jusqu'au fond de la gorge de sa pratique, puis jetait le corps palpitant dans sa cave, avec laquelle communiquait celle du charcutier. On devine le reste. Le charcutier faisait un grand commerce de petits pâtés qui étaient énormément goûtés des Parisiens. — Un chien, qu'un jeune voyageur avait laissé à la porte du frater homicide, trahit le mystère des deux compagnons. La Grand'Chambre informa ; ils avouèrent tout, et furent brûlés vifs en place de Grève. Leur maison fut rasée en expiation de leurs crimes, et la place en resta longtemps vide, comme celle d'un lieu d'exécration.

Aujourd'hui, la Cité a beaucoup perdu de son ancien caractère. Les rues d'Arcole et de Constantine l'ont éventrée du Vieux-Palais au Parvis, et le boulevard de Sébastopol, en supprimant la rue de la Barillerie, va faire disparaître encore de

Physique      **VOISIN**      **Amusante.**

MÉCANICIEN
BREVETÉ s. g. d. g.
Ft D'INSTRUMENTS DE PHYSIQUE
81, rue Vieille-du-Temple, 81.
PARIS.
Soirées en ville. — Leçons d'Escamotage.

nombreux souvenirs. Notre-Dame est aujourd'hui avec la Sainte-Chapelle les seuls temples chrétiens de la Cité. Mais autrefois elle en était couverte. Une de ces anciennes chapelles regardait le Vieux-Palais, dans le voisinage de l'horloge. Le comte Eudes, devenu roi, l'avait édifiée en 890. En 915, Salvator, évêque d'Aleth, en Bretagne, redoutant les effets d'une guerre entre Richard de Normandie et Thibaud, comte de Chartres, vint y déposer une grande quantité de reliques, parmi lesquelles on comptait les corps de dix-huit saints. — Cette basilique, d'abord simple chapelle du Palais, puis église royale et paroissiale, portait le nom de Saint-Magloire. En 1140, elle prit celui de Saint-Barthélemy, et resta debout sous cette invocation, qu'un roi devait rendre si lugubre, jusqu'en 1787, où elle s'écroula avec un fracas affreux. — Était-ce un avertissement donné par le saint à son siècle impie, en s'écroulant juste à l'aurore d'une révolution qui allait renverser bien d'autres autels? On se mit vainement à reconstruire la chapelle. La révolution en posa la dernière pierre en 1791, par les mains de l'architecte Lenoir, qui devait bientôt fonder le musée des Beaux-Arts, et conserver au pays de précieux spécimens de ses anciens monuments. Saint-Barthélemy devint le théâtre de la Cité, et on y joua des pièces révolutionnaires. Ce théâtre subit des fortunes diverses. On y joua l'opéra, la comédie, le drame, sans qu'aucun genre pût s'y acclimater. En 1805, son dernier directeur, le comédien Beaulieu, se tua pour ne pas survivre à la ruine de son théâtre et aux succès du fameux jocrisse Brunet. — L'infortuné théâtre est devenu depuis le joyeux bal du Prado, si célèbre dans les annales chorégraphiques du pays latin. O inconstance de l'humanité! que de souvenirs retracés! que d'existences dans quelques pierres!.... et tout cela va disparaître demain! — Espérons, toutefois, que la truelle des embellissements préservera les anciens quartiers de la Cité d'une

COMPAGNIE LYONNAISE.

SOIERIES ET HAUTES NOUVEAUTÉS
POUR ROBES,

37, boulevard des Capucines, 37,

PARIS.

destruction trop radicale. Ils se sont emparés de l'occident de l'île ; mais, pour Dieu, qu'ils en respectent l'orient qui s'étend au pied de Notre-Dame : la rue des Ursins, la rue des Marmousets, la rue du Cloître, la rue de la Colombe, la rue de la Licorne, la rue des Chantres, la rue de la Calandre, la rue des Trois-Canettes qui n'a pas plus d'un mètre de largeur, et qui regarde curieusement la vieille basilique à travers la place du Parvis !

L'Hôtel-Dieu, le plus vieil hospice de Paris, doit disparaître aussi bientôt, pour dégager les abords de la monumentale église, de concert avec l'élargissement des quais qui regardent le midi. La Morgue, cette nécropole sinistre adossée au pont Saint-Michel, n'attristera plus longtemps la perspective qui va s'ouvrir. Que restera-t-il de la Cité de nos pères ? des quartiers éclairés, assainis et des souvenirs. Mais l'étranger voudra toujours la parcourir et la connaître, et, comme nous, saluer la Cité, la Cité, le berceau de Paris !

MAISON A PARIS		MAISON A VARSOVIE
25,		**411**,
Place Vendôme.		*Faub. de Cracovie.*

CZAPEK et Cie,

FABRICANTS D'HORLOGERIE,

A GENÈVE.

HORLOGERS DE S. A. I. LE PRINCE NAPOLÉON.

REVOLVER DEVISME

PISTOLET A 6 COUPS

A BALLE FORCÉE SUR LA TIGE,

ET SANS BOURRES NI CARTOUCHES SPÉCIALES.

A Paris, chez l'inventeur DEVISME,

36, Boulevard des Italiens.

MINISTÈRES [1].

Ministère d'État et de la maison de l'Empereur, au Louvre, place du Carrousel et rue de Rivoli.

Ministère des Affaires Étrangères, quai d'Orsay et rue de l'Université, 130. Le bureau des passeports et des légalisations est ouvert tous les jours de la semaine, de 11 heures à 4 heures.

Ministère de l'Agriculture, du Commerce et des Travaux Publics, rue St-Dominique, 62. Bureaux ouverts les mardi et vendredi, de 2 heures à 4 heures.

Ministère des Finances, rue de Rivoli, 234. Caisses et bureaux ouverts tous les jours de la semaine, de 10 heures à 4 heures.

Ministère de la Guerre, rue St-Dominique, 86. Bureaux ouverts les mardi et vendredi, de 2 heures à 5 heures.

Ministère de l'Instruction publique et des Cultes, rue de Grenelle-St-Germain, 110. Bureaux ouverts les jeudi, de 2 heures à 4 heures.

Ministère de l'Intérieur, rue de Grenelle-Saint-Germain, 101. Les jeudi, de 2 heures à 4 heures. Les chefs de division, les mardi, jeudi et samedi, de 2 heures à 4 heures. Bureau de comptabilité, les lundi et jeudi, de midi à 3 heures.

Ministère de la Justice, place Vendôme, 13, et rue du Luxembourg, 36. Les vendredi, de 2 heures à 4 heures. Le

---

[1] Chaque ministre donne des audiences lorsqu'on en fait la demande par écrit, en désignant l'objet dont on désire l'entretenir.

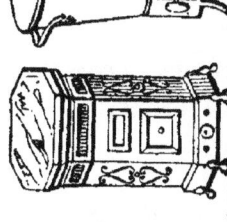
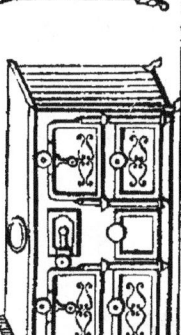

APPAREILS DE CHAUFFAGE

CHEVALIER ET CIE
34, Rue de Ménilmontant, 34

MÉDAILLE DE PREMIÈRE CLASSE. EXPOSITION UNIVERSELLE 1855

Anciennement place de la Bastille.

bureau des légalisations est ouvert tous les jours, de midi à 2 heures.

Ministère de la Marine, rue Royale-Saint-Honoré, 2. Les jeudi, de 2 heures à 4 heures.

Ministère de l'Algérie et des Colonies, au Louvre. Bureaux ouverts de 10 heures à 4 heures.

AMBASSADEURS ET CONSULS.

Angleterre, rue du Faub.-St-Honoré, 39,   de midi à 2 h.
Autriche, rue de Grenelle-St-Germain, 87,   de midi à 3 h.
Bade, rue Joubert, 17,   de 1 h. à 3 h.
Bavière, rue d'Aguesseau, 15,   de 1 h. à 3 h.
Belgique, rue de la Pépinière, 97,   de midi à 2 h.
Brésil, rue de la Pépinière, 106,   de midi à 4 h.
Buenos-Ayres, rue St-Georges, 35,   de 9 h. à midi.
Chili, rue Saint-Lazare, 31,   de 9 h à 6 h.
Confédération Argentine, rue St-Georges, 23,   de 10 h à 4 h.
Danemark, rue de la Pépinière, 88,   de 11 h. à 2 h.
Deux Siciles, rue du Faub.-St-Honoré, 47.
— Chancellerie, rue de Lille, 78,   de midi à 2 h.
Espagne, rue de Courcelles, 31,   de 10 h. à 3 h.
États-Romains, rue de l'Université, 69,   de 11 h. à 1 h.
États-Unis d'Amérique, rue de la Chaussée-d'Antin, 36,   de 10 h. à 2 h.
Grèce, rue du Cirque, 20,   de 10 h. à midi.
Guatemala, rue Neuve-des-Mathurins, 102,   de 1 h. à 2 h.
Haïti, place de Vintimille, 4,   de 10 h. à 2 h.
Hanovre, avenue Gabrielle, 46. — Chancellerie, rue de Penthièvre, 19,   de midi à 2 h.

HORLOGERIE ET BIJOUTERIE.

BAUDIN FRÈRES

7, rue de la Paix, au premier,

PARIS.

FABRIQUE A GENÈVE

Grand-Quai, en face du Jardin anglais

MONTRES ET BIJOUX EN TOUS GENRES.

Hesse d'Armstadt, rue de Grenelle-Saint-Germain, 112,	de midi à 2 h.
Hesse Électorale, rue Jean-Goujon, 16,	de midi à 2 h.
Honduras, rue du Faubourg-Poissonnière, 32,	de 9 h. à 5 h.
Mecklembourg, rue de la Madeleine, 29,	de midi à 2 h.
Mexique, rue Taitbout, 54,	de 1 h. à 3 h.
Nassau, rue du Cirque, 2,	de 11 h. à 1 h.
Nicaragua, rue du Rocher, 48,	de 10 h. à 11 h.
Nouvelle-Grenade, rue du Faub.-Saint-Honoré, 134,	de 9 h. à midi.
Oldenbourg, rue Neuve-des-Mathurins, 10,	de 11 h. à midi.
Pays-Bas, rue du Cirque, 2,	de 11 h. à 1 h.
Pérou, rue Taitbout, 82,	de 9 h. à 6 h.
Perse, rue Saint-André, 372,	de 10 h. à 1 h. 1/2.
Portugal, rue d'Astorg, 12,	de midi à 2 h.
Prusse, rue de Lille, 78,	de midi à 1 h. 1/2.
Russie, rue du Faub.-St-Honoré, 170,	de midi à 3 h.
San-Salvator, rue d'Aumale, 19,	de 10 h. à 4 h.
Sardaigne, rue Saint-Dominique, 133,	de 11 h. à 2 h.
Saxe-Royale, rue du Faub.-St-Honoré, 170,	de midi à 2 h.
Saxe-Weymar, rue de Lille, 78,	de midi à 1 h. 1/2.
Suède et Norwège, rue d'Anjou-Saint-Honoré, 54,	de midi à 1 h.
Suisse, rue Richelieu, 97,	de 10 h. à 3 h.
Toscane, rue Caumartin, 31,	de 11 h. à 2 h.
Turquie, rue Grenelle-St Germain, 116.	
— Chancellerie, rue de la Victoire, 44,	de 11 h. à 3 h.
Urugay, rue Saint-Honoré, 368,	de 9 h. à 11 h.
Venezuela-Caracas, rue du Faubourg-Poisnière, 32,	de 9 h. à 5 h.
Villes Libres, rue Trudon, 6,	de 10 h. à 2 h.
Wurtemberg, rue de l'Arcade, 16,	de 9 h. à 11 h.

CHEMISIER DES PRINCES

Médaille à l'Exposition universelle de Paris.

MARQUET

104
RUE DE RICHELIEU
PARIS.

ACADÉMIES.

Beaux-Arts (des), quai Conti, 21-23.
Française, quai Conti, 21-23.
Inscriptions et Belles-Lettres (des), quai Conti, 21-23.
Médecine (de), rue des Saints-Pères, 39. On y vaccine gratuitement les mardi, jeudi et vendredi.
Sciences (des), quai Conti, 21-23.
Sciences Morales et Politiques (des), quai Conti, 21.

SOCIÉTÉS SAVANTES.

Académie Nationale, Agricole, Manufacturière et Commerciale, rue Louis-le-Grand, 24.
Chirurgie de Paris (de), rue de l'Abbaye, 3.
Encouragement (d') pour l'Instruction Nationale, rue Bonaparte, 44.
Française de Statistique Universelle, rue Louis-le-Grand, 21.
Géographie (de), rue Christine, 3.
Géologique de France, rue du Vieux-Colombier, 24.
Impériale et Centrale d'Horticulture, rue de l'Abbaye, 3.
Impériale de Zoologie et d'Acclimatation, rue de Lille, 19.
Instruction Élémentaire (pour l'), quai Malaquais, 2.
Institut Historique de France (de l'), rue St-Guillaume, 12.
Médecine Pratique (de), rue du Vieux-Colombier, 24.
Météorologique de France, rue du Vieux-Colombier, 24.
Presse Scientifique (cercle de la), rue Richelieu, 21.

FACULTÉS.

Droit (de) à l'École de Droit, place du Panthéon.
Lettres (des), rue de la Sorbonne, 11.

TAPIS
DÉPOT GÉNÉRAL
20, rue Vivienne, 20.

REQUILLART *, ROUSSEL et CHOCQUEEL

MANUFACTURIERS,

A TURCOING (Nord) ET A AUBUSSON (Creuse),

Fournisseurs brevetés de LL. MM. l'Empereur et l'Impératrice.

MÉDAILLE D'HONNEUR

AUX EXPOSITIONS UNIVERSELLES DE LONDRES ET DE PARIS.

TAPIS ET ÉTOFFES D'AMEUBLEMENT

DE TOUT GENRE.

PRIX DE FABRIQUE.

Médecine (de), place de l'École de Médecine, 12.
Sciences (des), rue de la Sorbonne, 11.
Théologie Catholique (de), rue de la Sorbonne, 11.

BIBLIOTHÈQUES PUBLIQUES.

Arsenal (de l'), rue de Sully, 1. Ouverte tous les jours non fériés, de 10 heures à 3 heures (vacances du 1er août au 15 septembre).

Impériale, rue Richelieu, 58. Ouverte tous les jours, de 10 heures à 3 heures, dimanche et fêtes exceptés. — Le public est admis à visiter les collections le mardi et le vendredi de chaque semaine.

Le *Moniteur du* 20 juillet 1858 a publié, sur la réorganisation de la Bibliothèque Impériale, un décret où l'on remarque entre autres les dispositions suivantes :

Art. 1er. L'administration et la direction de la Bibliothèque Impériale et de tous les départements qui la composent sont confiés à un administrateur général, placé sous l'autorité de notre ministre de l'instruction publique et des cultes.

Art. 3. La Bibliothèque Impériale est divisée en quatre départements, savoir :

1° Les livres imprimés, les cartes et les collections géographiques ;
2° Les manuscrits, chartes et diplômes ;
3° Les médailles, pierres gravées et antiques ;
4° Les estampes.

Art. 4. A partir de 1859, la Bibliothèque Impériale demeurera ouverte toute l'année (excepté pendant la quinzaine de Pâques).

Art. 5. A partir du 1er octobre 1858, la durée des séances de travail, qui est actuellement de cinq heures, sera portée à six.

Art. 6. Aussitôt que le permettront les travaux de construction entrepris à la Bibliothèque, deux salles seront ouvertes au départe-

EXPOSITION UNIVERSELLE 1855.

146,

rue Montmartre,

PARIS.

SEUL DÉPOT

46, p. d. Panoramas

PARIS.

MAYERMARIX,

FACTEUR D'ORGUES HARMONIUM,

SEUL FABRICANT BREVETÉ EN FRANCE ET A L'ÉTRANGER

POUR

L'ARMONIFLUTE-MAYERMARIX

Instrument de Salon portatif à Clavier de Piano.

Prix : 120 fr.

ment des imprimés, l'une pour la lecture, l'autre pour les travailleurs autorisés.

Mazarine, quai Conti, 21-23. — Ouverte tous les jours non fériés, de 10 heures à 3 heures (vacances du 15 septembre au 1er novembre).

De la Sorbonne. — Tous les jours non fériés, de 10 heures à 3 heures (vacances du 12 juillet au 15 août).

De la Ville, à l'Hôtel-de-Ville. — Tous les jours non fériés, de 10 heures à 3 heures (vacances du 15 août ou 1er octobre).

BIBLIOTHÈQUES NON PUBLIQUES.

Les principales sont : celles du Louvre, — du Sénat, — du Corps Législatif, — du Conseil d'État, — de la Cour de Cassation, — de l'Institut, — de l'École des Mines, etc., etc.

ÉCOLES SPÉCIALES ET IMPÉRIALES.

Beaux-Arts (des), rue Bonaparte, 14.
Chartes (des), rue du Chaume, 14.
Dessin (de) pour les jeunes personnes, rue Dupuytren, 7.
Dessin et Mathématiques (de) appliqués aux arts industriels, rue de l'École de Médecine, 5.
Droit (de), place du Panthéon.
État-Major (d'), rue Grenelle-St-Germain, 138.
Langues Orientales (des), rue Neuve-des-Petits-Champs, 12.
Médecine (de), place de l'École-de-Médecine, 12.
Mines (des), rue d'Enfer, 32.
Pharmacie (de), rue de l'Arbalète, 21. — Le bureau et la salle des collections sont ouverts tous les jours, de 11 heures à 4 heures. — La bibliothèque, les lundi, mercredi et ven-

SAISON D'ÉTÉ.

CERCLE DES ÉTRANGERS

(Suisse) **à Genève** (Suisse)

Trajet direct de Paris à Genève en seize heures.

OUVERT TOUTE L'ANNÉE.

Exposition universelle 1855.   Exposition universelle 1855.
Médaille de 1re classe.   Médaille de 2e classe.

Société d'encouragement 1852.
Médaille d'argent.

SONNERIES et SIGNAUX
ÉLECTRIQUES.

P. PRUDHOMME, successeur de **J. MIRAND**,

BREVETÉ S. G. D. G.

Rue Saint-Martin, 2.

Ces Sonneries et Signaux, d'un usage facile et peu dispendieux, sont employés pour les Hôtels meublés, Bains, Manufactures, Châteaux et tous grands Établissements.

Garantie, cinq années.

dredi, à la même heure, — et le Jardin botanique tous les jours, toute la journée.

Ponts-et-Chaussées (des), rue des Saints-Pères, 28.

ÉCOLES MUNICIPALES ET CENTRALES.

Arts-et-Métiers (des), rue de Thorigny. — Institution patronnée par le gouvernement et fondée en 1829. On lui doit plusieurs ingénieurs distingués.

Chaptal, rue Blanche, 21.
Normale, rue d'Ulm, 43.
Turgot, rue du Vertbois, 17.

LYCÉES IMPÉRIAUX.

Bonaparte, rue Caumartin, 65.
Charlemagne, rue Saint-Antoine, 120.
Louis-le-Grand, rue Saint-Jacques, 123.
Napoléon, rue Clovis, 23.
Saint-Louis, rue de la Harpe, 94.

COLLÉGES.

Arménien de Saint-Moorat, rue Monsieur, 12.
Impérial de France, place Cambrai.
Municipal-Rollin, rue des Postes, 42.
Sainte-Barbe, place du Panthéon.
Stanislas, rue Notre-Dame-des-Champs, 22.

CONSERVATOIRES.

Arts-et-Métiers (des), rue Saint-Martin, 292. — Les collections sont ouvertes *au public* les dimanche et jeudi, de 10

PINAUD H^{te} & AMOUR,

CHAPELIERS,

FOURNISSEURS DE S. M. L'EMPEREUR.

87, RUE RICHELIEU, 87.

AUDOT,

LIBRAIRE ÉDITEUR,

8, rue Larrey, 8.

A LA SUBLIME PORTE,

11, rue de la Paix, 11.

L^s CHAPRON.

Maison spéciale pour les Mouchoirs de poche unis et brodés de toutes sortes, depuis 45 cent. jusqu'à 1,000 fr.

BRODERIES POUR CHIFFRES, COURONNES ET ARMOIRIES.

heures à 4 heures; et, moyennant une rétribution de 1 fr. au concierge, aux *étrangers* munis de passeports, et aux personnes *qui ont des cartes*, les mardi, vendredi et samedi de chaque semaine, de 10 heures à 3 heures.

Musique et de Déclamation (de), rue du Faubourg-Poissonnière, 11.

CULTE CATHOLIQUE.

Archevêché de Paris, rue de Grenelle-St-Honoré, 127. — Monseigneur l'archevêque reçoit tous les jours, les mardi et les dimanche et fêtes exceptés, de midi à une heure, sans demandes d'audience, MM. les ecclésiastiques employés dans le saint ministère. Les autres personnes doivent demander audience.

M. l'archidiacre de Notre-Dame reçoit, à l'Archevêché, les mardi, jeudi et samedi, de midi à 2 heures.

M. l'archidiacre de Sainte-Geneviève reçoit, à l'Archevêché, les mardi, mercredi et vendredi, de midi à 2 heures.

M. l'archidiacre de Saint-Denis reçoit, à l'Archevêché, les lundi, mardi et vendredi, de midi à 2 heures.

L'Officialité est ouverte les lundi, mercredi et vendredi, de midi à 2 heures.

Le Secrétariat est ouvert tous les jours non fériés, de midi à 3 heures.

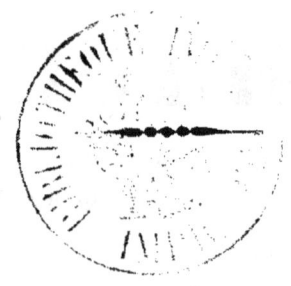

www.ingramcontent.com/pod-product-compliance
Lightning Source LLC
Chambersburg PA
CBHW060716050426
42451CB00010B/1468